Katja Reider

Ostergeschichten

Illustriert von Miriam Cordes

Bibliografische Information Der Deutschen Bibliothek
Die Deutsche Bibliothek verzeichnet diese Publikation in der Deutschen
Nationalbibliografie; detaillierte bibliografische Daten sind im Internet
über *http://dnb.ddb.de* abrufbar.

Der Umwelt zuliebe ist dieses Buch
auf chlorfrei gebleichtem Papier gedruckt.

ISBN-10: 3-7855-5645-4
ISBN-13: 978-3-7855-5645-0
1. Auflage 2006
© 2006 Loewe Verlag GmbH, Bindlach
Umschlagillustration: Miriam Cordes
Reihenlogo: Angelika Stubner
Printed in Italy (011)

www.loewe-verlag.de

Inhalt

Hoppel, der Testhase 8

Die Osterhasen-Frage 17

Der beste Freund der Welt 27

Kleiner Eierdieb 34

Hoppel, der Testhase

In der Osterküche
herrscht Hochbetrieb.
Überall wird eifrig gekocht,
gerührt und verziert.

Auf dem Herd brodelt
ein riesiger Topf mit Schokolade.

Sehnsüchtig lugt Hoppel
in den Topf.
Oh, wie lecker das aussieht …!

„Lass ja deine Pfoten da raus!",
warnt ihn Franz Knabberohr.

Franz ist der Schokoladen-Meister.
Seine Schoko-Eier sind die besten.
Leider kriegt Hoppel nur selten
welche ab.

Prüfend schaut Franz in den Topf
mit der blubbernden Schoko-Masse.

Dann meint er:
„Zeit für die zweite Portion Zucker."
Franz gibt sieben Esslöffel in den Topf.
Genau abgezählt.

Hoppel muss alles einrühren.
Puh, ist das anstrengend!

„So, ich hole jetzt die Nüsse",
sagt Franz. „Und du rührst weiter,
klar?"
Hoppel nickt.

Oje, jetzt ist Hoppel
allein mit der Schokolade!
Wie soll er da widerstehen?

Schon wandert Hoppels Pfote
in den Topf …

Iiiigiiiitt! Was ist das denn?!
Hoppel hustet.
Hoppel keucht und spuckt.

Dann schüttet er zwei Gläser Wasser
in sich hinein.

Schon kommt Franz mit den Nüssen
zurück.

„Du musst Zucker mit Salz
verwechselt haben",
ruft Hoppel ihm entgegen.
„Die Schokolade schmeckt eklig!"

Franz Knabberohr erschrickt.
„W-w-was? W-w-wirklich?", fragt er.
Hoppel nickt. „Probier doch selbst!"

„Lieber nicht", seufzt Franz.
„Auweia, fast hätten wir den Kindern
versalzene Schoko-Eier gebracht.
Gut, dass du genascht hast, Hoppel!"

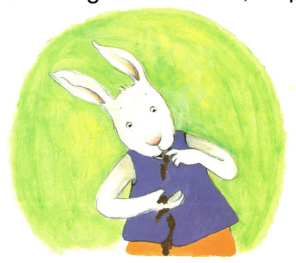

Und ab sofort hat Hoppel in der
Osterküche eine neue Aufgabe:
Schokolade testen ... Mhmm!

Die Osterhasen-Frage

Leni ist ja sooo aufgeregt!
Heute darf sie endlich die Eier
für den Osterstrauß anmalen.

Lenis Bruder Jakob hilft auch mit.
Sechs Eier sind schon fertig.

Stolz betrachten Leni und Jakob
ihre Werke.

„Das reicht nicht", meint Jakob.
„Wir brauchen viel mehr Eier.
Warte, ich puste noch welche aus!"

Kichernd schaut Leni ihrem Bruder zu.
Wie lustig Jakob
mit den dicken Backen aussieht!

Leni will auch Eier auspusten.
Aber Jakob schüttelt den Kopf.
„Das kannst du noch nicht, Leni!"

„Kann ich wohl!", ruft Leni.
Sie stampft mit dem Fuß auf.
Der Tisch beginnt zu wackeln.

„Hör auf!",
schreit Jakob – zu spät!
Schon kullert ein Ei zu Boden.

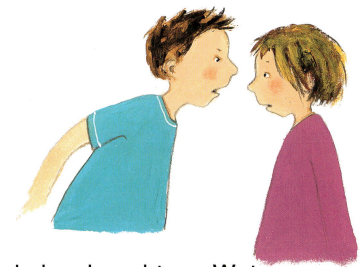

Jakob schnaubt vor Wut.
„Das war mein schönstes Ei!
Und du hast es kaputtgemacht!"

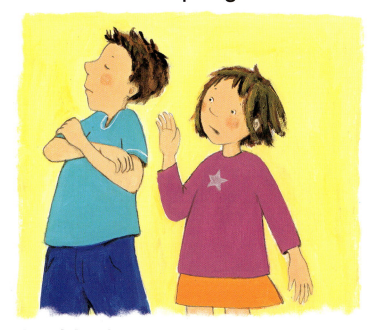

Leni schluckt.
„Aber der Osterhase bringt uns
doch viele neue Eier, oder?"

„Pah!", macht Jakob. „Du Baby!
Den Osterhasen gibt es gar nicht!"

„Es g-gibt k-keinen O-osterhasen …?"
Lenis Augen füllen sich mit Tränen.

Plötzlich macht der Kleinen das
Anmalen keinen Spaß mehr.
Traurig schleicht sie in ihr Zimmer.

Jakob beißt sich auf die Lippen.
Was hat er da nur gesagt? Mist!

Am Ostermorgen klatscht Papa
in die Hände:
„Kommt in den Garten, Kinder!
Der Osterhase war da!"

„Den gibt's ja gar nicht", sagt Leni
leise.
„Psst!", zischt Jakob plötzlich.
„Ich glaube, dahinten hockt er noch!"

„Wer?", fragt Leni verwundert.
„Na, der Osterhase!", flüstert Jakob.
„Dort, im Gebüsch!"

„Wirklich?" Leni zittert vor Aufregung.
Jakob nickt eifrig. „Klar, sieh doch!
Oh, jetzt ist er weggelaufen."

Leni greift nach Jakobs Hand.
„Aber du hast doch gesagt …?"
„Da wollte ich dich nur ärgern",
sagt Jakob. „Komm, jetzt schauen wir,
was uns der Osterhase gebracht hat."

Leni strahlt übers ganze Gesicht.
Und dann stürmen die Geschwister
in den Garten.

Der beste Freund der Welt

Daniel liegt auf dem Sofa.
Er fühlt sich ja sooo schlapp!
Kein Wunder, Daniel ist krank.

Er hat schreckliche Halsschmerzen.
Ausgerechnet heute!

Daniel schaut auf die Uhr.
Jetzt wird draußen
das Osterfeuer angezündet.

Und alle seine Freunde sind dabei.
Nur er nicht!
Es ist zum Heulen.

Da klingelt es.
Wer mag das sein?
Mama öffnet die Tür.

Nanu, da kommt ja Moritz!
„Was machst du denn hier?",
fragt Daniel seinen Freund.
„Bist du nicht beim Osterfeuer?"

Moritz schüttelt den Kopf.
„Nö, ich hatte keine Lust!
Wir machen es uns lieber
hier gemütlich, ja?"

Daniel weiß gar nicht,
was er sagen soll.

Moritz hat einen frischen
Osterzopf mitgebracht.
Mama kocht Kakao dazu.

Dann zünden sie Kerzen an.
Und Mama liest Ostergeschichten vor.

„Fast besser als Osterfeuer, oder?",
flüstert Moritz.

Daniel lächelt.
Sein Hals tut plötzlich
gar nicht mehr so doll weh.

Beim Abschied sagt Daniel leise:
„Du bist echt der beste Freund
der Welt."

„Ach Quatsch", lacht Moritz.
Aber sein Gesicht glüht vor Freude …

Kleiner Eierdieb

Amelie und Lea jubeln.
Dieses Jahr dürfen sie sogar
zweimal Ostereier suchen.

Erst zu Hause mit Mama und Papa
und jetzt noch hier bei Opa.

Die Eier sind im Garten versteckt.

„Ich würde am Blumenbeet anfangen",
rät Opa. „Da ist der Osterhase vorhin
besonders lange herumgehoppelt."

„Aha!"
Amelie und Lea zwinkern sich zu.

Dann suchen sie das Beet ab.
Amelie rechts und Lea links.
Schritt für Schritt.

Seltsam, das Beet ist zwar verwühlt.
Aber hier ist kein einziges Ei versteckt!

„Du, Opa will uns foppen",
flüstert Lea.
„Sicher liegen die Eier drüben unter
den Büschen."

Nein, auch dort ist kein Ei zu finden!
Sonderbar!

„Das gibt's doch nicht",
wundert sich Amelie.
„Ob jemand die Eier gestohlen hat?
Wir müssen Opa Bescheid sagen."

Aber da kommt Opa schon.
Nanu, wer ist denn die Dame neben ihm?

„Meine Nachbarin Frau Krönlein",
stellt Opa vor.
„Und das hier ist ihr Dackel Rollo.
Die beiden wollen ein Geständnis ablegen."

„Ach Kinder", sagt Frau Krönlein.
„Es tut mir ja so Leid:
Mein Rollo hat eure Eier gestohlen.
Das heißt: Er hat sie apportiert."

„Apportiert?", fragt Lea.

„Ja", nickt Frau Krönlein betrübt.
„Das habe ich ihm gerade
beigebracht. Und Rollo ist so eifrig!
Er bringt mir sogar
eure Ostereier!"

Frau Krönlein seufzt.
„Die Eier könnt ihr nicht mehr essen."

Plötzlich hellt sich ihr Gesicht auf.
„Aber ich habe noch Leckereien
zu Hause!

Vielleicht könnte
der ... äh ... Osterhase
die noch rasch verstecken?
Drüben in meinem Garten."

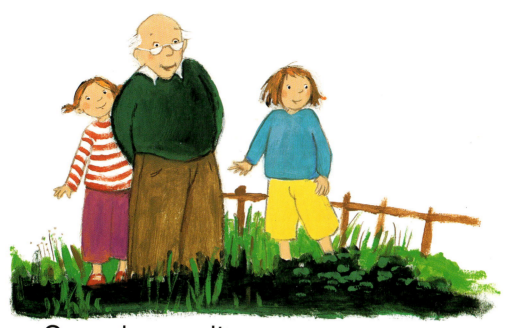

Opa schmunzelt.
„Ich denke, damit ist der Osterhase einverstanden."
Auch Lea und Amelie nicken.

Und Rollo, der kleine Räuber?
Der bleibt diesmal an der Leine!

Katja Reider, geboren 1960 in Goslar, arbeitete als Pressesprecherin des Wettbewerbs „Jugend forscht" – bis sie 1994 zu schreiben begann. In rascher Folge entstanden zahlreiche Kinder- und Jugendbücher, die in viele Sprachen übersetzt wurden. Katja Reider lebt mit ihrem Mann und ihren beiden Kindern in Hamburg.

Mehr über die Autorin erfahrt ihr unter: www.KatjaReider.de

Miriam Cordes wurde 1970 in Hamburg geboren. Die vielen Bibliotheksbesuche mit ihrer Mutter brachten sie schon früh zum Lesen und begründeten ihre Liebe zu Büchern. Miriam Cordes studierte Kinderbuchillustration an der Hochschule für Angewandte Wissenschaften in Hamburg und hat schon zahlreiche Bilderbücher und Jugendromane veröffentlicht.

Erster Leseerfolg mit dem

Kleine Bildergeschichten zum ersten Lesen